1900 - Juin. 15

VENTE
Du Vendredi 15 Juin 1900
HOTEL DROUOT SALLE N° 10
à 3 heures précises

TABLEAUX

ANCIENS ET MODERNES

AU NOMBRE DESQUELS

Deux Œuvres par SISLEY

ET

UN BEAU TABLEAU DE L. BOILLY

EXPOSITION PUBLIQUE

Le Jeudi 14 Juin 1900

HOTEL DROUOT, SALLE N° 10

COMMISSAIRE-PRISEUR

M LÉON TUAL

35, rue de la Victoire

EXPERT

M. B. LASQUIN

12, rue Laffitte

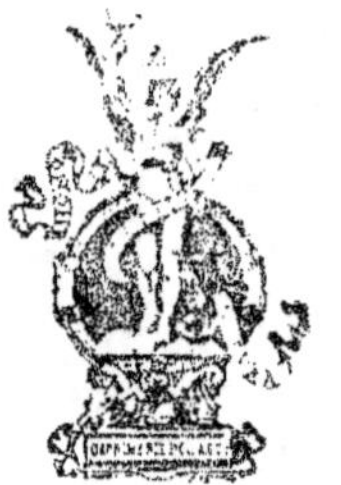

CATALOGUE

DES

TABLEAUX MODERNES

ET DESSINS

PAR

JULES ANDRÉ, EUG. BOUDIN, J.-L. BROWN, CHARPIN
CICÉRI, CLAUDE, COIGNARD, COROT
DAUBIGNY, DUEZ, FOUACE, FOURIÉ, HARPIGNIES, HERVIER, ISABEY
CH. JACQUE, JONGKIND, LAMBINET
LEBOURG, MARILHAT, MILLET, PAZINI, PELOUSE, TROYON, E. YON, ETC.

Deux œuvres par SISLEY

TABLEAUX ANCIENS

AU NOMBRE DESQUELS

Un beau Tableau par L. BOILLY

" LA LEÇON D'UNION CONJUGALE "

Dont la vente aura lieu

HOTEL DROUOT, SALLE N° 10

Le Vendredi 15 Juin 1900

A TROIS HEURES PRÉCISES

COMMISSAIRE-PRISEUR	EXPERT
Mᵉ LÉON TUAL	**M. B. LASQUIN**
56, rue de la Victoire	12, rue Laffitte

Chez lesquels on trouve le présent Catalogue

EXPOSITION PUBLIQUE

Le Jeudi 14 Juin 1900, de 1 heure 1/2 à 5 heures 1/2

CONDITIONS DE LA VENTE

Elle sera faite au comptant.

Les acquéreurs paieront *cinq pour cent* en sus des adjudications.

L'exposition mettant le public à même de se rendre compte de l'état et de la nature des objets, il ne sera admis aucune réclamation une fois l'adjudication prononcée.

Paris. — Imp. de l'Art, E. Moreau et Cⁱᵉ, 41, rue de la Victoire.

DÉSIGNATION

TABLEAUX ANCIENS

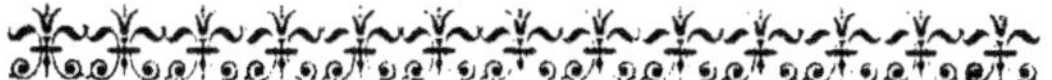

BOILLY (Louis)

1 — *La Leçon d'union conjugale.*

Un couple de jeunes époux est assis sur un sopha,
le mari presse tendrement sa jeune compagne qui,
vêtue d'un peignoir blanc négligemment décolleté,
a la jambe droite appuyée sur les genoux de son
époux. Tous deux se plaisent à contempler deux
tourterelles qui se becquettent à terre, près d'un
chapeau renversé. Sur le sopha, derrière l'époux, un
petit chien est aux aguets. Au fond de la pièce à
droite, la statuette de Cupidon sur un fût de
colonne.

Charmante composition de la bonne facture du
maître, gravée par *Petit*.

Toile. Haut.. 37 cent.: larg., 46 cent.

BOILLY

2 — *La Dernière Dent.*

Toile. Haut., 26 cent ; larg.. 22 cent.

BOILLY

3 — *Une Mauvaise Nouvelle.*

Dessin au lavis.

Haut., 20 cent.; larg., 15 cent.

BOILLY

4 — *Les Petits Ramoneurs.*

Dessin rehaussé de blanc.

Haut., 28 cent.; larg., 20 cent.

ADRIENSEN

5 — *Nature morte.*

Bois. Haut., 21 cent.; larg., 32 cent.

DESPORTES

6 — *Chasse au sanglier.*

Toile. Haut., 1 m. 22 cent.; larg., 1 m. 08 cent.

FERGUSON

7 — *Oiseaux morts.*

Bois. Haut., 53 cent. ; larg.; 40 cent.

DE HEEM (J.-David)

8 — *Nature morte.*

Toile. Haut., 37 cent.: larg., 76 cent.

MONNOYER (Baptiste)

9 — *Vase de fleurs.*

Toile. Haut., 80 cent.; larg., 65 cent.

MONNOYER (Baptiste)

10 — *Vase de fleurs.*

> Pendant du précédent.
> Deux très bons tableaux du maître.

> Toile. Haut., 80 cent.; larg., 65 cent.

TENIERS (Attribué à)

11 — *Fumeurs dans un intérieur.*

> Bois. Haut., 41 cent.; larg., 56 cent.

ÉCOLE FLAMANDE (xviie siècle)

12 — *Portraits d'enfants.*

> Vus de face, en riches costumes, les deux frères tiennent par la main leur petite sœur placée entre eux.

> Bois. Haut., 1 m. 10 cent.; larg., 82 cent.

ÉCOLE FRANÇAISE

13 — *Fleurs dans un vase.*

> Toile. Haut., 1 m. 35 cent.; larg., 1 mètre.

ÉPOQUE LOUIS XV

14 — Deux grandes décorations se faisant pendant et représentant :

1° *Une Nature morte.*

2° *Des canards sur une pièce d'eau.*

> Haut., 1 m. 92 cent.; larg., 1 m. 20 cent.

TABLEAUX MODERNES
DESSINS

ANDRÉ (Jules)

15 — *Le Bûcheron.*

    Signé à droite.

        Toile. Haut., 45 cent.; larg., 38 cent.

ANDRÉ (Jules)

16 — *Animaux à la lisière d'un bois.*

    Signé à droite.

        Bois. Haut., 58 cent.; larg., 43 cent.

BOIVIN (E.)

17 — *Vue de la plaine d'Hamman-El-Eif, au soleil couchant. Tunisie.*

        Haut., 00 cent.; larg., 00 cent.

BOUDIN (Eug.)

18 — *Les Marécages de la Toucques.*

        Toile. Haut., 51 cent.; larg., 74 cent.

BOUDIN (Eug.)

19 — *Petit Port sur une rivière.*

    Signé à gauche.

        Toile. Haut., 32 cent.; larg., 46 cent.

BOUDIN (Eug.)

20 — *Barques de pêche à marée basse.*

> Toile. Haut., 23 cent.: larg., 32 cent.

BOUDIN (E.)

21 — *Jument bai-brun et son poulain à l'écurie.*

> Panneau. Haut., 16 cent.; larg., 21 cent.

BURGERS

22 — *Vue de Venise.*

> Toile. Haut., 33 cent.: larg., 46 cent.

BROWN (John-Lévis)

23 — *Cavalier près de son cheval et un chien*

> Bois. Haut., 22 cent.; larg., 16 cent.

CHAIGNEAU (F.)

24 — *La Rentrée du troupeau.*

> Bois. Haut., 19 cent.; larg., 27 cent.

CHAIGNEAU (F.)

25 — *Deux Moutons.*

> Bois. Haut., 14 cent.: larg., 19 cent.

CHAPLIN

26 — *La Soubrette.*

> Signé à droite.

> Toile. Haut, 43 cent.: larg., 26 cent.

CHARPIN

27 — *Moutons au pâturage.*

> Haut, 00 cent.: larg., 00 cent.

CICÉRI

28 — *Intérieur de la forêt de Fontainebleau.*
> Signé à droite et daté 1850.

> Bois. Haut., 38 cent.; larg., 45 cent.

CICÉRI

29 — *Paysage, effet d'orage.*
> Signé à gauche.

> Toile. Haut., 32 cent. ; larg., 45 cent.

CICÉRI

30 — *Le Pont de bois.*

> Haut., 18 cent.; larg., 32 cent.

CLAUDE

31 — *Paysage, effet d'automne.*

> Haut., 45 cent.; larg., 35 cent.

COIGNARD (Léon)

32 — *Troupeau de vaches sous de grands arbres.*
> Signé à gauche.

> Bois. Haut., 40 cent. ; larg., 70 cent.

COIGNARD (Léon)

33 — *Vaches dans une clairière.*

Signé à gauche.

Bois. Haut., 20 cent.; larg., 30 cent.

COROT

34 — *Chaumière dans un verger.*

Signé à droite.

Toile. Haut., 26 cent.; larg., 40 cent.

COROT

35 — *Un Coin de la vallée de la Solle, forêt de Fontainebleau.*

Signé à gauche.

Toile. Haut., 25 cent.; larg., 18 cent.

COROT

36 — *Soirée poétique.*

(Cachet de la vente *Corot.*)

Toile. Haut., 21 cent.; larg., 40 cent.

CORTAZZO (?)

37 — *Cardinaux.*

Panneau. Haut., 30 cent.; larg., 23 cent.

DAUBIGNY

38 — *Les Carrières d'Auvers.*

Dessin.

DECAMPS

39 — *Vieille femme portant un fagot.*

Intérieur de forêt. Au premier plan, une jeune femme coiffée d'un bonnet blanc; une seconde femme au fond.

Signé à gauche.

(*Vente Couteaux*, décembre 1861.)

Toile. Haut., 57 cent.: larg., 45 cent.

DELPECH (Hermann)

40 — *Barques de pêche à Arcachon.*

Signé à gauche.

Toile. Haut., 45 cent.; larg., 60 cent.

DESBROSSES (Jean)

41 — *L'Amour aux champs.*

Signé à droite.

Toile. Haut., 1 m. 30 cent.; larg., 1 m.

DREUX (Alfred de)

42 — *Un Galop d'essai.*

Le peloton vient de s'ébranler en soulevant un nuage de poussière. Au premier plan, un chien boule, traînant à son cou le mouchoir qui servait à le tenir en laisse, dérange les cavaliers par ses gambades et ses aboiements.

Signé à droite.

Toile. Haut., 62 cent.; larg., 82 cent.

DUEZ (E.)

43 — *Les Hauteurs de Villerville.*

Signé à droite.

Toile. Haut., 50 cent.; larg.; 70 cent.

FOUACE

44 — *Bouteille de Sauterne et fromage.*

Toile. Haut., 40 cent.; larg., 28 cent.

FOURIÉ (Albert)

45 — *Après le Bain.*

Haut., 61 cent.; larg., 50 cent.

GARRAUD (G.)

46 — *Le Manoir de Dampierre.*

Signé à droite.

Bois. Haut., 34 cent.; larg., 23 cent.

GERVEX

47 — *Le Voleur.*

Composition à l'aquarelle, tirée d'un conte de Florian.

Signé à gauche.

Haut., 27 cent.; larg., 32 cent.

GIVRY

48 — *La Pêche à la ligne.*

Aquarelle.
Signé à gauche.

Haut., 30 cent.; larg., 54 cent.

HARPIGNIES

49 — *Vue du Canet, paysage de Provence.*

Signé à gauche.

Bois. Haut., 19 cent.; larg., 30 cent

HARPIGNIES

50 — *Paysage.*

Dessin.

HERVIER

51 — *Une Rue en Bretagne.*

Signé à droite.

Toile. Haut., 70 cent.; larg., 55 cent.

JEANRON

52 — *Enfants jouant avec une chèvre.*

Signé à droite.

Bois. Haut., 30 cent.; larg., 20 cent.

ISABEY

53 — *Marine, effet d'orage.*

Toile. Haut., 21 cent.; larg., 30 cent.

JACQUE (Charles)

54 — *Nature morte.*

Signé à gauche.

Toile. Haut., 65 cent.; larg., 44 cent.

JONGKIND

55 — *Voiliers en pleine mer.*

Signé à droite et datée 1865.

Toile. Haut., 32 cent.; larg., 46 cent

JULLIEN

56 — *Bords de rivière.*

Bois. Haut., 18 cent.; larg., 22 cent.

LAMBINET

57 — *Lisière de bois.*

Signé à gauche.
Grisaille.

Bois. Haut., 18 cent.; larg., 30 cent.

LAMBINET

58 — *Entrée de village.*

Signé à gauche

Bois. Haut., 22 cent.; larg., 32 cent.

LAMBINET

59 — *La Chaumière.*

Signé à gauche.

Bois. Haut., 18 cent.; larg., 32 cent.

LAMBINET

60 — *L'Étang (grisaille).*

> Signé à gauche.

> Toile. Haut., 20 cent.: larg., 31 cent.

LAMBINET

61 — *Le Pêcheur à la ligne.*

> Signé à gauche.

> Bois. Haut., 20 cent.: larg., 33 cent.

LEBOURG

62 — *L'Ile Fleury.*

> Haut., 35 cent.; larg., 65 cent.

MARILHAT

63 — *Grande Cour de ferme.*

> La cour est plantée de pommiers qui ombragent les bâtiments de la ferme.
> Quelques figures animent la composition.

> Toile. Haut., 55 cent.; larg., 1 m. 10 cent.

MARILHAT

64 — *Fleurs des champs.*

> Toile. Haut., 70 cent.; larg., 90 cent.

MILLET (J.-F.)

65 — *Les Pêcheurs.*

> Dessin.

MORNARD (Madame DE)

66 — *Une Rue à Senlis, effet de soleil.*

Aquarelle.
Signée à droite.

Haut., 38 cent.; larg., 27 cent.

PASINI

67 — *Halte de cavaliers turcs.*

Signé à droite.

Toile. Haut., 27 cent.; larg., 35 cent.

PELOUSE

68 — *Etang de Rochefort (Morbihan).*

Effet de soleil couchant.
Signé à gauche.

Toile. Haut., 38 cent.; larg., 54 cent.

ROUSSEAU (Th.)

69 — *Moulin à eau en Auvergne.*

Peinture sur papier et marouflée sur toile
Signé à gauche.

Toile. Haut., 35 cent.; larg., 58 cent.

ROUSSEAU (Th.)

70 — *Paysage d'Auvergne, soleil levant.*

Peinture sur papier et marouflée sur toile.
Signé du monogramme.

Haut., 20 cent.; larg., 33 cent.

ROUSSEAU (Th.)

71 — *Village d'Auvergne*,

Signé du monogramme.

Toile. Haut., 18 cent.; larg., 30 cent.

ROUSSEAU (Philippe)

72 — *La Garenne*.

Signé à droite.

Toile. Haut., 1 m. 30 cent.; larg., 95 cent.

SISLEY

73 — *Petit Pont sur l'Ornain, effet de printemps*.

Signé à droite et daté 1890.

Toile. Haut., 45 cent. ; larg., 54 cent.

SISLEY

74 — *Le Pont de Moret*.

Signé à droite et daté 1889.

Toile. Haut., 37 cent.: larg., 55 cent.

TROYON

75 — *Scène Normande*.

A gauche, une cantine couverte de toile et un paysan derrière un étal de fruits; à l'ombre de deux arbres touffus, des villageois puisent du cidre à de gros tonneaux. A droite, à terre, des choux et autres légumes.

Tableau de la première manière du maître.
Signé à droite.

Toile. Haut., 32 cent ; larg., 54 cent.

TROYON

76 — *Vache blanche.*

Etude provenant de la vente de l'artiste.

Haut., 21 cent.; larg., 27 cent..

VEYRASSAT

77 — *Chasse au perdreau.*

Signé à droite.

Toile. Haut., 26 cent.; larg., 35 cent.

YON (E.)

78 — *Brumes de matin, sur les étangs de Condé.*

Signé à gauche.

Toile. Haut , 32 cent.; larg., 50 cent.

YON (E.)

79 — *Un Coin de Normandie au printemps.*

Signé à droite.

Toile. Haut., 32 cent.; larg. 48 cent..

YON (E.)

80 — *Chaumières à Cernay.*

Signé à droite.

Toile. Haut., 32 cent.; larg., 46 cent.

INCONNU

81 — *Porte de jardin.*

Bois. Haut., 30 cent.; larg , 24 cent.

INCONNU

82 — *Deux Tableaux de fleurs se faisant pendant.*

Bois. Haut., 45 cent.; larg., 35 cent.

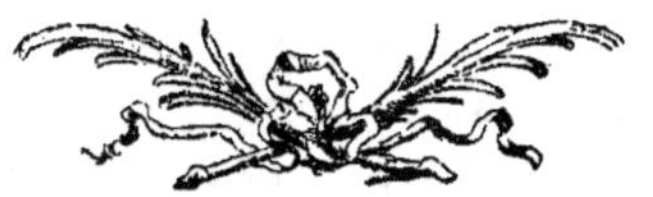

www.ingramcontent.com/pod-product-compliance
Lightning Source LLC
LaVergne TN
LVHW021903180726
843502LV00008B/2845